19675

Aveugle

ALPHABET

AVEC

EXERCICES DE LECTURES GRADUÉES

PARIS
AMÉDÉE BÉDELET, LIBRAIRE
RUE PAVÉE–SAINT–ANDRÉ–DES–ARTS, 11

PARIS. — IMP. SIMON RAÇON ET COMP., RUE D'ERFURTH.

MAJUSCULES

A B C D
E F G H
I J K L

M N O P

Q R S T

U V X Y Z

MINUSCULES

a b c d e f g
h i j k l m n
o p q r s t u
v x y z æ œ w

VOYELLES

a e i o u y

CONSONNES

b c d f g h j k l m
n p q r s t v x z

PREMIER EXERCICE

ba   be   bi   bo   bu
ca   ce   ci   ço   çu

da	de	di	do	du
fa	fe	fi	fo	fu
ga	ge	gi	go	gu
ha	he	hi	ho	hu
ja	je	ji	jo	ju
la	le	li	lo	lu
ma	me	mi	mo	mu
na	ne	ni	no	nu
pa	pe	pi	po	pu
ra	re	ri	ro	ru
sa	se	si	so	su

ta	te	ti	to	tu
va	ve	vi	vo	vu
xá	xe	xi	xo	xu

Trois manières de prononcer E.

e muet.   é fermé.   è ouvert.
Leçon, parole.   Bonté, Café.   Père, mère.

Accent.

Aigu.   Grave.   Circonflexe sur. a e i o u
Été.   Prière.   Pâte, fête, gîte, trône, flûte.

DEUXIÈME EXERCICE.

Ab-ba, ac-ca, ad-da, af-fa, ag-ga, ah-ha, aj-ja, ak-ka, al-la, am-ma, an-na, ap-pa, aq, ar-ra, as-sa, at-ta, av-va, ax-xa, az-za.

Pa-pa a-va-la l'a-na-nas d'A-nas-ta-se.

TROISIÈME EXERCICE.

Eb-be, ec-ce, ed-dè, ef-fê, eg-ge, eh-hé, ej-jëe, ek-kê, el-le, em-mé, en-nè, ep-pê, eq, er-re, es-sé, et-tè, ev-vê, ex-xe, ez-ze.

Hé-lè-ne a é-té à la pê-che. el-le a bar-bo-té.

QUATRIÈME EXERCICE.

Ib-bi, ic-ci, id-di, if-fi, ig-gi, ih-hi, ij-ji, ik-ki, il-li, im-mi, in-ni, ip-pi, iq, ir-ri, is-si, it-ti, iv-vi, ix-xi, iz-zi.

Y a le son de I

Y a-t-il i-ci la y-o-le d'Hen-ri?

Y a le son de deux I.

Le vo-y-a-geur a é-té ef-fra-y-é.

Im, ein, eim, ain, aim.

J'ai bien faim et je n'ai pas de pain! — Viens, pe-tit : ce pa-nier est plein de mas-se-pains de Reims; tu les ai-mes bien, hein?

CINQUIÈME EXERCICE.

Ob-bo, oc-co, od-do, of-fo, og-go, oh-ho, oj-jo, ok-ko, ol-lo, om-mo, on-no, op-po, oq, or-ro, os-so, ot-to, ov-vo, ox-xo, oz-zo.

Le jo-li jo-ko d'Oc-ta-ve est mort à No-vo-go-rod.

Au, eau, eaux, os.

Paul, res-tez en re-pos; ne sau-tez pas; n'al-lez pas au bord de l'eau. Je vais là-haut fer-mer les ri-deaux du ber-ceau de vo-tre sœur Lau-re, elle dort.

SIXIÈME EXERCICE.

Ub-bu, uc-cu, ud-du, uf-fu, ug-gu, uh-hu, uj-ju, uk-ku, ul-lu, um-mu, un-nu, up-pu, uq, ur-ru, us-su, ut-tu, uv-vu, ux-xu, uz-zu.

Ur-su-le est u-ne pe-ti-te hur-lu-ber-lu.

SEPTIÈME EXERCICE.
VOYELLES DOUBLES OU DIPHTHONGUES

Ai, ia, au, an, ei, ie, eu, ieu, en, ien, ian, io, oi, ion, oin, ou, oui, ui, ium, un, uin.

Di-eu est bon : il a soin de pour-voir à tous nos be-soins; viens, re-mer-ci-ons-le.

HUITIÈME EXERCICE.

CONSONNES DOUBLES

BL.   BR.   CL.   CR.   FR.   GR.   GL.
Blé, bras, clou, crin, frac, grain, gland.

Le pau-vre Fran-cis a pleu-ré en vo-yant ses fleurs flé-tries par la gros-se pluie; il en a plan-té d'au-tres à l'a-bri du grand pru-nier.

CH.   GR.   LL.
Chou, grognon, fille.

Le chat cher-che u-ne sou-ris, mais la gen-ti-ll-e bê-te a ga-gné son trou : el-le y est bien ca-chée. Mi-non foui-ll-e du bout de sa pat-te; ses yeux bri-ll-ent de fu-reur. N'ap-pro-che pas, il t'é-gra-ti-gne-rait.

NEUVIÈME EXERCICE.

Phi-la-del-phe, em-mè-ne Fi-dè-le, et va au pha-re a-vec Eu-phé-mie. Vous y ver-rez un pho-que : c'est un a-ni-mal am-phi-bie.

Thé-o-phi-le, ter-mi-ne ton thè-me, en-sui-te nous pren-drons le thé.

DIXIÈME EXERCICE.
C prononcé comme SS avant E, I

Cé-ci-le, fai-tes ce-ci ; c'est un e-xer-ci-ce u-ti-le. Et vous, Al-ci-de, ces-sez de vous ba-lan-cer et de fai-re des gri-ma-ces.

ONZIÈME EXERCICE.

C prononcé SS avant A, O, U, par l'addition d'une cédille.

Ça, ço, çu, çai, çon.

Ce pe-tit gar-çon tou-chait sans ces-se mon poin-çon : je le for-çai de le lais-ser ; mais il le re-prit et se per-ça la main.

C est dur devant A, O, U

La cui-si-niè-re fe-ra cui-re du ca-ca-o pour Co-ra-lie, et du cho-co-lat pour Cou-stan-ce.

Pé-ki di-sait qu'-un coq é-tait dans le kios-que ; j'ai cru en-ten-dre : u-ne co-quet-te est dans le kios-que ; ce-la a fait un qui-pro-quo.

DOUZIÈME EXERCICE.

G est dur devant A, O, U.

J'ai ga-gné à la lo-te-rie un go-be-let d'ar-gent et u-ne guir-lan-de de mu-guet.

G son identique de J par l'addition d'un E devant A, O, U.

J'ai fait u-ne ga-geu-re : si Geof-froy perd, il me don-ne-ra ses jo-lis pi-geons rou-geâ-tres.

T prononcé SS entre deux voyelles.

L'en-fant sa-ge, qui a a-va-lé sa po-t-ion, au-ra ré-cré-a-t-ion ; le pa-res-seux re-ce-vra u-ne pu-ni-t-ion.

FIN.

B b

Ballon

D   d

Duel

E e

Escarpolette

Fête

Glissade

H h

Halte!

I i

Images.

J J

Jeux.

K k

Kabyles.

L l

Lion.

M m

Marins.

N   n

Navires

O   O

Ours.

Plaisir

Qui vive!

R r

Repos

S   S

Saut de mouton

T t

Toupie

U   u

Uniformes

V V

Voyageurs

Y   y

Yole

Zèbre

www.ingramcontent.com/pod-product-compliance
Lightning Source LLC
LaVergne TN
LVHW021733080426
835510LV00010B/1238